AF321235

GRAVURES RELIGIEUSES

D'APRÈS

L. HALLEZ

Prix : 5 Fr.

TOURS

Aᴰ MAME ET Cⁱᵉ, ÉDITEURS

GRAVURES
RELIGIEUSES

L. HALLEZ

Aux gravures de piété qui ornent ses éditions, et que le public chrétien accueille avec une bienveillance toujours plus marquée, la maison Mame se propose d'ajouter quelques séries inédites de gravures de choix qui ne sont point destinées à orner ses livres.

Les quatre compositions qui forment ce premier cahier, et dont l'explication va suivre, sont un spécimen de ce nouveau genre de publication.

I. — LA SAINTE VIERGE.

Il est juste que le premier hommage de cette collection soit adressé au Sauveur des hommes, et à sa divine Mère, qu'un cœur et une pensée chrétienne ne peuvent en séparer; c'est pourquoi nous la plaçons en tête de notre travail, qui lui est consacré, et dans le texte mis au bas de cette première image nous la saluons, avec l'Ange et avec l'Église, comme la Vierge pleine de grâce, bénie entre toutes les femmes, *gratiâ plena;* comme la Mère du Sauveur, la fleur radieuse de l'humanité avec laquelle Dieu a toujours été uni dès le premier moment où elle exista, mais l'a été surtout dans sa divine et virginale maternité, *Dominus tecum.* Elle est ici représentée dans tout le bonheur de cet ineffable privilége, au milieu des caresses du Verbe divin devenu son fils. Colombe sans tache et bien-aimée des Cantiques, elle peut dire, dans l'humble effusion de sa tendresse : *Mon bien-aimé est à moi, et je suis à lui,... il reposera sur mon sein.* (Cant., I et II.)

II. — SAINT STANISLAS KOSTKA.

La seconde gravure représente l'un des plus aimables patrons de l'innocence du jeune âge : saint Stanislas Kostka, né en Pologne, d'une grande et ancienne famille (1550) et dès la plus tendre enfance modèle accompli de toutes les vertus. Dans une maladie grave, la sainte Vierge le guérit à la suite d'une vision merveilleuse, et, déposant entre ses bras l'Enfant divin, l'appela à la Compagnie de Jésus, que saint Ignace avait fondée quelques années auparavant.

Après avoir foulé aux pieds toutes les grandeurs, toutes les séductions de la terre, et avoir souffert une longue persécution de la part des siens, ligués contre cette vertu, exagérée selon les idées du monde, le saint enfant s'enfuit, seul et sans secours humain, changea ses vêtements contre ceux d'un pauvre, et traversant à pied l'Allemagne et l'Italie, arriva à Rome, où il reçut enfin le saint habit de la Compagnie de Jésus, selon l'ordre qui lui en avait été donné. Peu de jours suffirent à cette âme si pure pour arriver à la perfection que les longues années n'amènent point toujours pour les autres, et, comblé de grâces et de mérites, Stanislas mourut dans un transport d'amour pour Jésus et pour Marie, le jour de la fête triomphante de sa mère bien-aimée (15 août 1568).

Le paysage représente des lis, au milieu desquels se plaît à reposer l'Époux des âmes pures (Cant., II, 16); et comme l'innocence et une grande pureté du cœur forment le trait caractéristique de cette âme choisie, que c'est surtout la vertu qui, avec une humble et ardente charité, lui mérita les faveurs célestes, nous l'avons pris pour type de la sixième béatitude : *Bienheureux ceux qui ont le cœur pur ! parce qu'ils verront Dieu.* (Matth., v.)

D'autres saints, remarquables par quelqu'une des vertus qui correspondent aux autres béatitudes proclamées par le Seigneur sur la montagne, viendront remplir les sept places qui restent pour former la série des huit béatitudes, rendues sensibles et vivantes parmi les hommes.

III. — MARTHE ET MARIE.

La troisième gravure, qui pourrait être placée en tête d'un recueil de la vie des saints, présente la contemplation et l'action, les deux grandes voies ouvertes devant les hommes qui aspirent à la sainteté, et dont les saints Pères ont trouvé la personnification dans les deux sœurs de l'Évangile, Marthe et Marie. La première tient le fuseau, emblème du travail; l'autre, les yeux élevés au ciel, porte un cœur enflammé, symbole de la charité. Réconciliées et s'unissant à différents degrés dans la vie des saints, elles se donnent ici la main. Le Saint-Esprit plane au-dessus d'elles, et on lit près de lui ces mots : *Il est des partages différents de grâces et d'opérations, mais il n'y a qu'un seul Esprit.* (I Cor., XII.) Le texte sacré ajoute un peu plus loin : *Un seul et même esprit opère toutes ces choses, partageant ses dons comme il lui plaît.* Deux degrés sont placés sous les pieds des deux figures : sur le degré inférieur, qui correspond à Marthe, on lit: *Vie active;* sur le second, qui correspond à Marie, *Vie contemplative.*

Le vase de parfums, que l'art chrétien donne ordinairement à Madeleine, est ici placé entre les deux sœurs et leur est commun, parce que la méditation et le travail offerts à Dieu et accomplis pour lui plaire sont également un encens qui s'élève vers lui et lui est agréable. Le livre indiqué dans l'ornementation du côté de Marie rappelle la loi divine, objet constant de la méditation des âmes saintes sur qui Dieu établit son règne; et la harpe du côté de Marthe indique qu'avec la prière les bonnes œuvres sont aussi un cantique, un hymne de louange adressé au Seigneur (1). Enfin le saint Nom de Jésus placé au sommet de l'arc qui encadre le sujet, et surmonté d'une croix très-apparente, doit rappeler que toutes nos prières et toutes nos œuvres ont besoin d'être faites au nom de Jésus-Christ, en union avec lui; et que, commençants et parfaits, âmes intérieures adonnées à la contemplation ou cœurs ardents dévoués au travail pour la gloire de Dieu, tous, dit sainte Thérèse (2), doivent fouler le sentier que Jésus-Christ a frayé, tous doivent porter la croix après lui et vaincre sous son étendard.

(1) Quidquid egeris, bene age, et laudasti Deum. (S. Aug.)

(2) En sa Vie, chap. XI.

IV. — SAINT LAZARE, PEINTRE.

Le quatrième sujet représente un saint artiste, et fait encore partie de la série des huit béatitudes. Saint Lazare, moine et peintre de l'Orient, fut cruellement torturé pour la foi et le culte des saintes images sous l'empereur iconoclaste Théophile (ix⁰ siècle). On perça ses mains d'un fer rouge pour le punir et l'empêcher de peindre les images de Jésus-Christ, de la sainte Vierge et des saints ses prédécesseurs. Le *Diario*, ou indicateur des fêtes religieuses de Rome, lui donne le nom de martyr (1). Il ne mourut cependant point dans les supplices, *mais, guéri par la vertu de Dieu*, dit le Martyrologe Romain, *il rétablit par son pinceau les images détruites par la fureur des iconoclastes, et enfin reposa en paix*. Sa fête est célébrée avec pompe dans l'église de l'Académie de Saint-Luc à Rome, le 23⁰ jour de février (V. *Martyrol. Rom.*), et par les Grecs le 17 octobre.

Le fond de la composition est partagé entre les trois branches de la peinture sacrée, particulièrement dans l'école byzantine, à laquelle appartient notre saint : la fresque, le tableau, la miniature. L'évangéliaire, placé sur une table en forme d'autel, est ouvert au chapitre de la Transfiguration, parce qu'en Orient, où la peinture est encore exclusivement religieuse, comme elle le fut chez nous pendant de longs siècles, celui qui se fait peindre, fait acte de religion. C'est pourquoi il se présente à l'église, et, pour le consacrer à Dieu dans l'art de la peinture, un prêtre lit sur lui l'évangile de la Transfiguration (2), l'évangile de la beauté divine rayonnant dans l'humanité sainte du Sauveur, et manifestée par elle aux enfants des hommes : rapprochement qui montre d'une manière admirable le but de l'art religieux. Le tableau placé du côté opposé, et qui est une portion de triptyque, représente la divine Mère avec l'enfant Jésus, l'objet de prédilection de la peinture chrétienne dans tous les âges et dans toutes les parties du monde. Le fond en abside représente le Christ glorifié, l'Alpha et l'Oméga, le principe et la fin de toutes choses, entouré des symboles des quatre évangélistes. Au-dessous, dans une bande semi-circulaire on lit ce vers grec que nous avons transporté là d'un triptyque byzantin :

ΩC ΗΠΟΡΕΙ ΧΕΙΡ ΚΑΙ ΓΡΑΦΙC ΧΡΙCΤΟΥ ΤΥΠΩ (3).

« Combien la main et le pinceau étaient tremblants en osant aborder le type du Christ ! » expression sublime du respect mêlé de crainte et d'amour qui doit accompagner l'artiste religieux lorsqu'il essaie de retracer par les moyens de son art la forme sensible de l'Homme-Dieu.

Plus bas, et à la place qu'ils occupent ordinairement dans les fresques et les mosaïques grecques, sont rangés les Apôtres, réduits, à cause de l'espace, aux deux principaux, saint Pierre et saint Paul ; puis saint Luc, patron de la peinture ; et l'un des Pères grecs les plus connus, saint Jean Chrysostome.

(1) *San Lazaro, monacho, pittore e martire.*

(2) Voir le *Guide de la peinture byzantine* du moine Denis, publié par M. Didron.

(3) Ce triptyque, conservé à la bibliothèque de la Minerve à Rome, est un ivoire ; il représente notre Seigneur Jésus-Christ accompagné de la sainte Vierge, du Précurseur, des Apôtres, des Pères, etc. Le vers iambique cité se trouve placé au pied de la figure du Christ, et porte :

ΩC ΗΠΟΡΕΙ ΧΕΙΡ ΚΑΙ ΓΛΥΦΙC X̅V̅ ΤΥΠΩ...

Au mot ΓΛΥΦΙC, *ciseau*, nous nous sommes permis, en l'appliquant à un saint peintre, de substituer ΓΡΑΦΙC, *pinceau*.

Nous avons encore placé au sommet de l'ornement le Saint-Esprit, pour rappeler, avec le bon moine Théophile dans une de ses admirables préfaces, que l'Esprit de Dieu aime à reposer sur celui qui travaille dans un humble silence, au nom et sous l'œil du Seigneur, et comment ses sept dons trouvent leur place dans l'exercice de l'art pratiqué dans un but chrétien et dans une pensée sainte.

Le texte placé en latin au front du dessin, et en grec sur les pieds-droits de chaque côté, est celui-ci : *Bienheureux ceux qui souffrent persécution pour la justice! parce que le royaume des cieux est à eux.* Huitième béatitude (Matth., v) (1).

Une prédilection qui nous sera pardonnée nous portera à faire entrer prochainement dans cette collection plusieurs autres saints artistes patrons ou protecteurs de l'art religieux ; et si la sympathie des âmes chrétiennes nous apporte force et courage, nous ouvrirons quelque série plus importante, telle, par exemple, que l'illustration des magnifiques invocations que l'Église adresse à Jésus-Christ au temps de l'Avent : *O Sapientia, o Adonai, o Oriens, o Emmanuel!!!* Puissions-nous retrouver toujours, pour nous traduire, un burin aussi pur et aussi suave que celui que M. Chevron a mis cette fois à notre disposition, et qui va être employé à des travaux plus importants dans le magnifique Missel Romain que prépare la maison Mame !

L'Auteur des Dessins.

(1) Par ce rapprochement des textes grecs et latins, nous avons été bien aise de rappeler, comme on l'a fait si souvent à Rome et dans tout l'Occident aux époques anciennes, l'union ou plutôt l'antique unité chrétienne de l'Orient et de l'Occident : unité dont le retour est l'objet des vœux les plus ardents du souverain Pontife et de toute l'Église catholique.

Nota. — Comme nous attachons une véritable importance à relier l'art religieux de notre temps à la tradition des époques anciennes, à renouer ce fil conducteur que la négligence des artistes a laissé briser, on trouvera quelquefois dans nos gravures certaines habitudes, certaines données de l'art ancien qui sont devenues moins familières aux chrétiens de notre temps. Nous ajouterons, pour les personnes que ces détails pourraient intéresser et qui en désireraient l'entière intelligence, quelques notes relatives à l'archéologie et à l'iconographie chrétienne. Les chiffres ou monogrammes que nous avons coutume d'ajouter aux auréoles de Jésus-Christ et de la sainte Vierge appelleraient une de ces notes ; mais dans la crainte d'avoir été déjà trop long dans nos explications compliquées d'un peu de prospectus, nous demanderons la permission de la renvoyer à une autre occasion, que nous désirons trouver prochainement.

TOURS

A^d MAME ET Cie, ÉDITEURS

Tours — Imp. Mame.

TOURS, A. MAME ET Cⁱᵉ ÉDITEURS
Imp. Bertrand.

IHS
BEATI PUERO CORDE QUONIAM IPSI DEUM VIDEBUNT
S. STANISLAUS KOSTKA. Soc. Jesu.
TOURS A. MAME ET C.ie EDITEURS

SORORES MARIA ET MARTHA
Activam et contemplativam sanctorum vitam adumbrances.

S. LAZARUS. Monachus. PICTOR. PASSUS. CP. IX'. S'.
Cujus Memoria VII Kal. Mart (xxiii Febr) in Eccles Acad. S. Lucæ de Urbe solemnicer celebratur

TOURS A. MAME ET C.ie EDITEURS